주저앉기만 하진 않길

주저앉기만 하진 않길

이지연 지음

바른북스

작가의 이야기

꿈

저의 꿈은 태권도로 이름을 알리는 선수이자 존경받는 지도자가 되는 것이었습니다.
하지만, 지금은 꿈을 포기하고 무엇을 해야 할지도 모르는 평범한 아이가 되었습니다.

전 8살 때부터 현재 18살까지 태권도를 배웠으며 3년이라는 시간 동안 아이들에게 모범을 보이는
학범과 교범이라는 위치에서 아이들을 가르치는 법을 배우고 아이들을 가르쳤습니다.
그만큼 중학교 시절의 기억 대부분은 태권도에 묻혀져 있죠.

너무 황급히 달려온 탓인지 그래서 탈이 난 것인진
아직 잘 모르겠습니다.
단지 저의 의지가 부족했을 수도 있다고 생각합니다.

8살 꼬마 아이가 어느덧 고등학생이 되어 대학이라는
압박을 받기 시작했습니다.

머릿속이 온통 좋은 대학뿐이었습니다.
그 당시 저의 스승이신 관장님께 여쭈어 보았습니다.
"대학에 대한 압박이 너무 큽니다, 어떻게 해야 할지
모르겠습니다"
하지만 그 말에 돌아온 대답은 "서울권의 대학을 원
한다면 입시학원을 알아봐야 할 수도 있다"였습니다.

대다수의 사람들이 그렇겠지만
저에게 미래란 너무 중요하게 여겨지는 존재였기에
약 9년을 함께한 도장을 떠나기로 마음을 먹고
입시학원을 찾아 나섰습니다.

고민 끝에 관장님께 말씀드렸습니다.
"관장님 저 입시학원으로 가야 할 것 같습니다"
관장님께서 "지금 해봤자 늦었다" "이 실력으론 부족하다" 등의 말들을 하셨습니다.

전 몇 날 며칠을 눈물로 보냈습니다.

결국 전 태권도장을 전문 입시 도장으로 바꿨습니다.
새로운 공동체에 어울린다는 것이 쉽지 않다는 걸
알기에 두려웠지만
하나의 힘이 생겼습니다.

바로 새로운 관장님께서 항상 해주시는 식상하지만
힘이 되는 말
"할 수 있어" "잘할 거야" "잘 따라오고 있어"였습니다.

그렇게 전 전문 선수부의 선수가 되었습니다.
하지만 그것도 잠시 전 무너졌습니다.

왕복 4시간 거리를 다니며 운동하는 것과
운동량을 소화하기엔 체력이 역부족이었으며
때마침 남자친구와의 이별, 친구와의 다툼, 인간관계
에서의 문제 이 모든 것이 한 번에 몰려왔습니다.

그렇게 전 공황장애와 우울증으로 무너져 내렸습니다.

무너져 주저앉은 저도 다시 일어설 때입니다.

저의 글로 여러분의 마음을 위로해 볼게요.

CONTENTS

작가의 이야기 – 꿈

01 자신을 잃지 않기로 해요

관계	14
심해	16
자국	18
유서	20
반복	22
그냥	26
적응	28
과거의 나	30
두려워서	33
아픈 결말	35
바람	36
상처	38
나	40

02 힘들다고
        말해도 돼요

저마다 ······ 44
소소한 ······ 46
여전히 ······ 48
책 속의 책 ······ 51
D-DAY ······ 54
눈물 ······ 56
곡선 ······ 58
응원 ······ 60
사랑 ······ 62
시선 ······ 65
영화 속 ······ 68
미운 사람 ······ 72
선택 ······ 75
너라서 ······ 77

03

충분히 잘하고 있는 거예요

힘	80
경험	82
질투심	85
약	88
자존감	91
행복	93
성숙함	96
밝음	98
목표	101
숨	105
맑음	107

04 행운이 온다는 게

클로버 ········· 110
재능 ············ 112
마음가짐 ······ 114
미움 ············ 116
당신 ············ 119
안부 ············ 121
미안해 ········· 123
프리지아 ······ 125
길 ··············· 127
모순 ············ 129
용기 ············ 130
매일 ············ 132
캡슐 ············ 134
변화 ············ 136

05

그저 지나가는 하루입니다

소모	140
이별	142
네 덕분에	145
소음	146
색	148
소중함	151
사랑해	153
나눔	155
걸어가길	157
소원	159

끝으로

01 ～～～～～ 자신을 잃지 않기로 해요

관계

저는 관계
즉, 인간관계에 엄청난 스트레스를 받습니다.

한 사람을 친구라고 생각하게 되면
그 사람에겐 비밀도 만들지 않고
저를 포기하면서까지
그 사람에게 맞추려 노력합니다.

하지만 끝까지 함께하게 될 사람은
몇 되지 않습니다.
전 많은 사람들에게 헛된 기대를 품었고
희망을 가졌습니다.

잘못을 하지 않더라도
떠날 사람들은 모두 제 곁을 떠나더군요.
그 당시엔 '내가 문제인 거야' '내가 잘못한 거겠지'

라고 생각하며 슬픔에 잠겼습니다.

여러분도 혹여라도 저처럼 생각한 적이 있으신가요?

그렇다면 전 아니라고 말해주고 싶습니다.
당신이 잘못한 건 없어요.
그저 그 사람과 맞지 않았던 것이라 생각해요.

세상엔 너무나도 많은 유형의 사람들이 있고
모든 유형의 사람에게 맞추기란
모양이 다른 퍼즐들을
억지로 욱여 맞추는 것이 아닐까요?

자신과 알맞은 퍼즐은 언제든 나타나기 마련이에요.

그러니 맞지 않은 퍼즐들을 위해
자신을 미워하지 않고
자기 자신을 잃지 않기로 해요, 우리.

심해

저는 늘 깊은 바닷속에 빠져 있었습니다.
아무도 저를 구해주지 않았죠.
오히려 점점 더 깊이 가라앉았습니다.

전 모든 걸 포기하고
눈을 감았습니다.

그때 누군가 그러더군요.
"너의 선택이 틀린 게 아니야"
라며 꼭 안아줬습니다.

저는 눈물이 터지고 말았습니다.
저를 이해해 주는
저의 편이 생긴 것 같았습니다.

그냥 꼭 안아주는 것만으로도

정말 많은 위로가 되었습니다.

완벽히 육지에 올라온 것은 아니지만
얕은 물까지 올라올 수 있었습니다.

여러분도 주변에 힘든 친구가 있나요?
먼저 다가가서 안아줘 보는 건 어때요?

그럼 여러분에게도
그런 기회가 찾아올 거라고
생각해요.

다가와 주기만을 바라지 않고
겁먹지 말고 다가가 보기로 해요.

저도 여러분을 안아줄게요.
함께 육지로 올라가요.

자국

여러분은 종이를 구겨보셨나요?
깨끗했던 종이를 구겼다 펴면
다시 깨끗했던 종이로 돌아갈 수 없습니다.

마치 저의 몸도 같습니다.
칼로 만들어 낸 상처들은 흉터가 되어
지워지지 않습니다.

받았던 상처들로 망가진 마음도 같습니다.
이미 받은 상처들은 시간이 지나도
잊히지 않습니다.

어떤 사람은 그냥 내뱉은 말들이
단지 스트레스를 해소하기 위해
남에게 내뱉은 모진 말들이
또 다른 사람에겐 상처로 남습니다.

여러분도 상처 하나쯤은 마음에 두고 있지 않나요?

이미 생긴 상처는 지워지지 않습니다.

아직 그 상처에서 벗어나지 못하고
아파하는 중이라면
벗어나야 합니다.

상처 준 사람을
미워하지 않으라는 것도
용서하라는 것도 아닙니다.

단지 그런 사람들 때문에
여러분이 두려워하고 아파하는 것이
너무 안타깝습니다.

지워지지 않는 상처에 연연하지 말고
소소한 행복들로 조금씩 채워봐요, 우리.

유서

여러분은 유서를 써보신 적이 있으신가요?

전 가장 힘든 시기에
너무나도 죽고 싶은 마음이 커
매일 유서를 쓰곤 했습니다.

유서의 내용에선
가족에게 미안했던 마음, 사랑했던 마음을 담았고
힘들 때 함께해 줬던 친구들에게도
말을 남겼습니다.

유서를 쓸 때면 늘 오묘한 감정이 들더군요.
'내가 만약 죽는다면 누가 내 장례식에 올까?'
'내가 죽는다고 사람들이 슬퍼할까?'
많은 생각이 들었습니다.

유서를 여러 번 쓰면서
사랑하는 사람들, 고마웠던 사람들의
이름을 차근차근 써보고서야 깨달았습니다.

'아, 내가 죽는다면 슬퍼할 사람이
이만큼이나 많구나'
생각보다 많은 사람들이 슬퍼할 것 같아
죽고 싶다는 마음을 조금씩 줄여 나갔습니다.

너무 죽고 싶은 마음이 든다면
종이와 펜을 가지고
유서를 한번 써보는 건 어때요?

여러분이 사랑하는 사람과 고마웠던 사람
그리고 미안했던 사람을
차근히 써보면 알게 될 거예요.

당신이 얼마나 중요하고 소중한 사람인지.

반복

살아가면서 안 좋은 일들과 상황들은
늘 반복되는 것 같습니다.
꼭 행복하다는 생각이 들 때쯤, 이제야 조금
살겠다는 생각이 들 때쯤이면
다시 슬픔도 아픔도 찾아옵니다.

저 말고도 많은 사람들이 겪은 상황이겠지만
저는 이 반복을 몇 년이고 겪고
똑같이 아팠음에도 불구하고
반복적인 아픔에서 벗어나지 못했습니다.

초등학교 때도 중학교, 고등학교 때도
안 좋은 소문에 휘말리며
사람들 모두가 잘 맞을 수 없는 것처럼
저를 싫어하는 친구들도 점차 더 생겨갔습니다.

저의 외모를 지적하며 이야기를 지어내 소문내고
성희롱까지 남발했습니다.
늘 덤덤한 척, 괜찮은 척 넘겼지만
저도 사람인지라 상처로 남았습니다.

그 상처들은 저를 깊은 바다 끝까지
꾹 누르는 것만 같았습니다.

전 깊은 바닷속에 갇혀버렸습니다.
하지만 19살이 된 지금 누군가 저를
긴 낚싯줄로 잡아 올렸습니다.

누구냐고요?
구원자도 새로운 사람도 친구도 아닌
바로 나
자기 자신입니다.

제가 저를 끌어 올렸습니다.
만약 제가 아닌 다른 누군가였다면

늘 반복되었듯이 다시 깊은 바닷속으로
돌아가지 않았을까요?

저는 이제 깊은 바다가 두렵지 않습니다.
제가 제 자신을
덜 아프게
덜 상처받게
구할 수 있다는 것을 깨달았거든요.

여러분도 반복된 아픔을 겪으셨나요?
여러분도 아직 그 반복에서
벗어나지 못하고 계신가요?

여러분이 정당하지 않은 아픔을
꿋꿋이 받을 필요는 없습니다.

그 누구도 여러분을 깊은 바닷속으로
누를 자격은 없습니다.

이젠 그 반복에서 벗어날 때입니다.

그냥

그냥 한 번 살아가는 김에
그냥 한 번 사는 삶
그냥 더 많이 웃어야지.
그냥 더 많이 놀아야지.
그냥 더 많이 도전해 봐야지.
그냥 더 많이 노력해 봐야지.

그냥 더 많이 그 누구보다
행복해져야지.

그냥이라는 말 부담 없는 괜찮은 말일지도.

당신의 아픔이 사그라들길.
당신의 슬픔이 매일 밤 찾아오진 않길.
당신의 눈물이 하루의 마지막을 채우지 않길.
당신의 아름다움을 깨닫길.

적응

사람은 환경에 따라 생활습성이 변합니다.
이것을 우리는 '적응'이라고 표현합니다.

적응한다는 것
어떨 땐 좋은 일이지만
어떨 땐 안 좋게 작용할 때도 있습니다.

우리들은 아픔에도 적응을 합니다.
받은 상처들이 많을수록
그 상처들에 조금씩 익숙해지고 무뎌집니다.

어떤 사람들은 말합니다.
"아픔에 적응하면 상처 덜 받는 거 아니야?"
"좋은 거네, 덜 힘들잖아"

하지만 적응한다고 해서

상처를 덜 받게 되고
덜 힘든 것이 아닙니다.

상처들이 익숙해지고 무뎌져 가다가도
그것을 느끼게 된다면
아무렇지 않게 생각하며 들었던 말들도
다시 떠올리게 되고
또다시 상처로 남게 됩니다.

아니라고 생각하더라도
자신의 마음 한편에선
상처가 어마어마하게 커지고 있을 겁니다.

아플 땐 아프다.
힘들 땐 힘들다.
마음을 느껴봐요.

아픔엔 적응하지 말기로 해요.

과거의 나

너무 많은 사람들에게 미움을 받다 보니
마음의 상처가 너무 커
팔과 다리, 배와 목까지
칼로 그림을 그렸습니다.

잠깐 행복하다가도
과거의 생각 속에 갇혀 빠져나오지
못할 때도 있습니다.

과거의 저는
남이 잘못한 일도
'애초에 내가 그러지 않았더라면'
라고 생각하였고

모든 일을 다 망치는 것 같은
제가 너무 미웠습니다.

제 자신이 너무 싫었던 저는
초등학교 6학년 때부터 고등학교 2학년 때까지
저의 몸에 여러 상처들을 만들었습니다.

솔직하게 말하자면
아직 전 과거 속에서 빠져나오지 못하였습니다.
아직 별로 좋지 않은 기억들에 시달리고 있습니다.

하지만 이젠 그때만큼 제가 밉지 않습니다.

완전히 극복하기란
너무나도 어려운 일이란 걸 알지만
남을 미워해도 되는 상황에선 남을 미워하기로
내 탓이 아닌 남의 탓을 해도 되는 상황에서
남을 탓하기로 했습니다.

이렇게나 쉬운 일을 왜 이때까지 해오지 못했을까요?

자기 자신을 그만 미워하고

사랑까진 하지 못하더라도
좋아해 보기로 해요.

두려워서

항상 자해를 하고 나면
혼자 힘들어 아파하고 있을 때면

주변 사람들이 먼저 다가와
"힘들면 이야기해도 돼"
"혼자 힘들어하지 말고 기대"
라며 저에게 기댈 수 있는 어깨를 내어주곤 합니다.

주변엔 저의 편이 있다는 걸 알면서도
저는 늘 "노력해 볼게"라는 대답을 하고
힘들 때 이야기하지 않습니다.

이런 저에게 의문이 들더라고요
'왜 나는 기대지 않는 거지?'

여러 가지 답이 떠오르더군요.

나의 약한 모습을 들킬까 봐.
나 때문에 기운이 빠질까 봐.
나를 싫어하게 될까 봐.
나를 떠날까 봐.

두려워서 이야기하지 못합니다.
여전히 떠나는 이가 생길까 두렵습니다.
더 이상 좋아하는 이들을 잃기가 두렵습니다.

믿지 않는 게 아닙니다.
항상 고맙게 생각합니다.

단지 두려울 뿐입니다.

아픈 결말

이번엔 다르지 않을까.
이번엔 행복할 수도 있지 않을까.
이번엔 안 아프지 않을까.

아니라는 거 알면서도
너라는 사람이기에

한 번 더 믿었고
한 번 더 좋아했으며
한 번 더 겪어보려 노력했다.

아픈 결말은 왜 달라지지 않는 건지.

왜 또 날 아프게 하는 건지.

바람

생각이 많은 채로 잠든 날엔
눈물로 하루를 마무리하다
결국엔 지쳐 잠든 날엔
악몽이 나를 찾아온다.

너무 힘들고 지친 날이면
이 악몽이 마치 내 생과 같다는 생각이 든다.

악몽 같은 하루는
언제쯤 행복한 하루로 바뀔는지
너무 많이 데어
기대조차 하지 않는다.

큰 기대는 되려 큰 실망감을 주게 되고
큰 희망은 되려 큰 좌절을 주게 된다.

그저 하루가 행복하진 못하더라도
평범했으면 하는 바람으로

그저 행복한 꿈을 꾸진 못하더라도
악몽을 꾸진 않았으면 하는 바람으로

하루 종일 웃진 못하더라도
하루의 마무리를
눈물로 맞이하진 않았음 하는 바람으로

하루의 끝을 보낸다.

상처

몸에 생긴 상처보다
마음에 생긴 상처가 더 아픈 것 같습니다.

보이지도 않는 상처가
베이고 데어 흉 진 상처보다 아프다는 게
이상하게 느껴집니다.

마음에 생긴 상처는
두고두고 또 생각나고
생각나면 또 아프고
심장이 아려옵니다.

상처를 받게 되는 덴
친구의 한마디일 수도
가족의 한마디일 수도
모르는 사람의 한마디일 수도

있습니다.

어떨 땐 그런 말 한마디
쿨하게 넘기지 못하는 자기 자신이
밉기만 합니다.

쿨하게 툭툭 털어낼 줄도 알아야지.
넘어져도 다시 일어나 걸을 줄 알아야지.
남들의 모진 말 따위에 나를 미워하지 말아야지.
나를 더욱 소중히 여겨야지.

몇 마디 다짐으로 더욱 단단해져 갑니다.

나

나는 나를 미워했고
그 누구보다 잘하는 것이 없다 여겼으며
그 누구보다 보잘것없는 사람이라 생각했으며
나를 좋아하고 사랑하기엔
내가 너무 못나서 미웠다.

누군가 그랬다.
너만큼 끼도 재능도 많은 아이는 드물다고
애매한 재능이라 여길지라도
대단한 것이라며 나의 마음을 다독였다.

그래
우리 모두 생각보다 괜찮은 사람일지도 모른다.

하루 정도 아무것도 안 하면 어때.
좀 늦게 시작하면 어때.
쉬어 가도 늦어도 괜찮아.
우리의 시작은 이제부터잖아.
남들과 비교하는 삶 말고
너만의 삶을 살면 돼.
그거면 충분해.

02 ～～～～ 힘들다고 말해도 돼요

저마다

가끔 주변 사람들에게
"나 너무 힘들어"라고 이야기했을 때
"너만 힘든 거 아니야, 다 힘들어"라며
이야기하는 사람들도 종종 있습니다.

틀린 이야기는 아닙니다.
우리 모두 감정이 있는 사람이기에
저마다 힘들일 하나쯤은 가지고 있습니다.

하지만 모두가 힘들다는 이유만으로
"사람들 다 힘든데, 힘든 티 내지 말아야겠다"
라고 생각하게 된다면
마음의 병이 생기기 마련입니다.

모두 다 힘들다고 해서
자신의 힘듦을 숨길 필요는 없습니다.

감정을 억제시킨다면
더 큰 감정이 생겨날 수 있습니다.

힘들 때 힘들다고 말할 줄도
울고 싶을 때 울 줄도 알아야 합니다.

힘들다고 말해도 돼요.
뭐든 다 들어줄게요.

소소한

어느 날 아버지와 함께 둘이서 영화관을 갔습니다.
어떤 할머니와 할아버지께서 손을 잡고 들어오시는데
그 모습이 너무나도 이뻐 보였고

올리브영에 갔다가
알바하시는 분들이 예의 없는
초등학생 아이들 때문에
힘들어하시는 게 눈에 보였는데
제가 나올 때 웃으면서 "수고하세요"라고 말씀드리니
놀라시더니 웃으시면서 "수고하셨습니다"라고
하셨습니다.
저의 말 한마디에 웃으시는 모습을 보니 저도 덩달아
기분이 좋아졌으며

전 비 오는 날을 정말 싫어하지만
비 오는 날에 어울리는 노래를 들으면서

하나둘씩 떨어지는 빗방울을 보면
마음이 편안해져 좋아합니다.

또, 친구들한테 받은 편지들을 꺼내 보며
그때의 추억에 잠길 수 있어 좋고

오랜만에 옛 친구들을 우연히 만나
옛날이야기들로 수다를 떨며
행복한 기억들을 떠올릴 수 있어서 좋습니다.

세상엔 마음에 들지 않고 나쁜 것들도 많지만
사소하지만 예쁘고 좋은 것들도 많은 것 같다고
생각합니다.

아직 세상엔 작고 사소하지만 웃을 일은 많기에
우리 모두 포기하지 않고 열심히
살아볼 수 있지 않을까요?

여전히

어김없이 책을 읽고 있었습니다.

저는 책을 읽다 마음에 와닿는 문장에는
형광펜으로 표시를 하고
작은 포스트잇에 저의 생각을 써보곤 하며
하나의 책을 여러 번 읽기도 합니다.

따뜻한 목소리 현준 작가님의
《사실은 내가 가장 듣고 싶던 말》이라는 책에서
"너는 없는데 여전히 네가 있다"라는 글이 와닿아
곧바로 형광펜으로 표시하였습니다.
제가 해석하고 싶은 대로 해석하며
포스트잇에 써보았습니다.

"너는 없는데 여전히 네가 있다"라는 말은
짝사랑을 이별을 겪어보지 않은 사람은

이해가 되지 않을 수도 와닿지 않을 수도 있습니다.

꼭 사랑하는 사람과의 이별이 아니더라도
아끼던 물건, 키우던 애완동물, 많은 시간을
함께한 집, 믿었던 친구
살아가다 보면 수많은 이별이 찾아오게
되어 있습니다.

사랑하는 사람과 이별을 하게 되면
그는 제 곁에 없지만 그와의 추억, 그의 향기
그와 관련된 많은 것들이 곁에 남아 괴롭힙니다.

키우던 애완동물과의 이별도 마찬가지입니다.
새로운 친구를 가족으로 맞이한다 하더라도
마음 한구석에선
전에 키우던 애완동물의 기억이 곁에 남아
아프게 합니다.

기억이라는 게

추억이라는 게

뭐라고

사람을 기쁘게도 슬프게도 아프게도 합니다.

책 속의 책

저는 공부보단 운동을 좋아하고
일하는 것을 좋아합니다.

그러니 주변 사람들에겐
얌전하다기보단
활발하고 시끄러운 아이에 속합니다.

주변 사람들에게
에세이 읽는 것이 취미라고 말할 때면
모두 놀라곤 합니다.

저는 에세이 책을 고르고 읽는 데
마음의 안정과 기쁨을 느낍니다.

따뜻한 목소리 현준 작가님의
《사실은 내가 가장 듣고 싶던 말》을 읽었습니다.

빨리 큰돈을 벌어 행복해지고 싶은
욕심은 사람을 조급하게 만듭니다.

내 마음이 갈망하는 것을 빨리 채우려고 하면,
조급함이 나타나 작고 연약한
일상의 행복을 밖으로 밀어낸다는 사실을요.
당신은 마음의 평화라는 행복을
고통 없이 오래도록 누렸으면 좋겠습니다.

이 문장들이 와닿았습니다.

욕심은 사람을 조급하게 만들고
조급함은 행복과 멀어지게 만들며
오히려 하고자 하는 일마저
망치게 된다고 생각합니다.

전 늘상 욕심이 많아 조급했고
어깨에 진 가방의 무게가 무겁다는 걸 알면서
모른 체했습니다.

그래서인지
좋아하는 것을
포기할 수밖에 없었습니다.

운동선수로서의 무게를 버티지 못하고
포기할 수밖에 없었습니다.

모두가 단지 포기한 아이로 보았을 때
전 늘
"행복에 한 발자국 가까워진 것 같아, 그래보려고"
라고 이야기하였습니다.

가끔은 욕심 따위 내려놓고
쉬어 가는 것도
좋은 방법 중 하나인 것 같아요.

그럼 포기했다가도
다시 행복하게 일어날 수 있을지도 모르잖아요.
희망을 가져봐요, 우리.

D-DAY

우리 함께 만약 3개월밖에 살지 못하게 된다면
무엇을 할 것인지
어떻게 지낼 것인지
이야기해 봐요.

만약 제가 3개월밖에 살지 못한다면
지금까진 남을 먼저 생각했다면
남은 3개월 동안은 정말 저만
생각하고 살 것 같아요.

남에겐 관대하고
정작 자신에겐 엄했다면
남은 3개월은 이기적으로 살아볼래요.

지금 여러분은 자기 자신에게
너무나도 엄하진 않나요?

남에겐 관대하지만 자신에겐 그러지 못하고 있진 않은가요?

이젠 자기 자신을 조금 내려놔 보기로 해요.
"괜찮아" "그럴 수 있지"라는 말
남 말고 자기 자신한테 해보기로 해요.

우리 앞으론 남들보다
자기 자신을 더 먼저 생각하는 사람이
돼보기로 노력해 봐요.
남보다 자신을 더 아껴봐요.

저도 아직 제대로 실천하지 못하고 있지만
여러분과 함께 하면 할 수 있을지도 모르니깐요.

우리 같이 속는 셈 치고 한 번만 해보는 거예요.

눈물

난 항상 그랬다.
눈물 따위 남 앞에서 흘리는 것이 아니라고.

영화를 보며 흘리는 눈물
동물농장에 나오는 동물들이 불쌍해서 나오는 눈물
양파가 매워 나오는 눈물

이 눈물들은 흘릴 수 있다.

하지만 힘들어서 목 놓아 울 정도의 눈물은
남에게 들켜선 안 된다고 생각했다.

사실은 안겨 힘들다며 울고 싶은데
힘들어 죽을 것 같다며
나 좀 안아달라고 나 좀 달래달라고.
누가 내 마음 좀 알아달라고.

늘
간절하면 뭐든 이루어진다고 생각했다.
간절함으로 모든 것을 이룰 순 없다는 사실에
분노하기도 좌절하기도 했다.
경험으로 점차 성숙해져 가며 깨달았다.
모든 것을 이룰 순 없지만
간절함으로 목표와 성공에 한 발자국 더 가까워진다.

곡선

여러분의 인생은 직선인가요? 곡선인가요?
저의 인생은 곡선입니다.

가끔은 실력이 늘기도 하고
그 자리에 머물기도 하고
더 못하게 되기도 합니다.

원래 인생이 직선인 사람들보다
곡선인 사람들이 더 성공하는 거래요.

실패할 때가 있으면
또 성공할 때도 있는 법이죠.
아직 실패만 해봤더라면
성공도 찾아오게 되어 있어요.

실패했다는 이유만으로 포기하지 말고
성공이 오겠거니 생각하고 더 열심히 살아봐요.

실패는 꼭 한 번만 하는 것이 아니에요.
'도전이 있다면 실패도 따르는 법
실패가 있다면 성공도 따르는 법'

각자 마음속으로 외치면서
함께 이겨내 봐요.

응원

저는 늘상
운동선수를 할 때도
대회를 나갈 때도
새로운 시도를 할 때도
주변 사람들의 응원에만 귀를 기울였습니다.

주변 사람들의
"할 수 있어 넌"
"잘할 거야"
라는 말에 힘을 냈습니다.

이제 와서 생각해 본다면
'왜 나는 나 자신에게 응원을 하지 않았을까?'
라는 생각이 듭니다.

저는 무언가를 하면서

제 자신에게
"할 수 있어"
"믿어"
라는 말을 해본 적이 없습니다.

남의 응원을 받아 이뤄내는 것보다
자기 자신을 응원하고 믿어주어 이뤄내는 것이
자기 자신을 더 좋아할 수 있는
좋은 한 걸음이 아닐까요?

남이 믿어주고 응원해 주는 것도 좋지만
자기 자신을 믿어주고 응원해 줘 보기로 해요.

저는 이제 와 깨달았지만
지금부터라도 해보려고요.

사랑

사랑에는 종류가 많습니다.
슬픈 사랑
아픈 사랑
예쁜 사랑

대부분의 사람들은
사랑하는 사람과
잠시나마 행복하더라도
아프고 슬픈 감정은 느끼게 되어 있더라고요.

사랑하는 사람과
예쁜 사랑만 하기에도 바쁜데
아프고 슬프기까지 해야 한다는 사실이
안타깝기만 합니다.

저도 기억에 남는 사랑이 두 번 있습니다.

한 번은 너무 아팠던 사랑
한 번은 너무 행복했던 사랑

아팠던 사랑은
그 아이가 무슨 잘못을 했던 용서하게 되고
그 아이가 몇 번이고 이별을 말해도 붙잡게 되고
그 아이 때문에 매일을 울어도 놓지 못했습니다.

행복했던 사랑은
그 아이가 저를 위해 노력해 주는 게 눈에 보였고
그 아이가 저를 사랑한다는 것이 느껴졌고
그 아이가 언제나 저의 곁에 있어주었습니다.

하지만 끝은 모두 슬프고 아팠습니다.

사랑이라는 건 도대체 무엇일까요?

어떤 사람은 아프지만 좋은 것이라고
또 다른 사람은 아프게 하지 않는 것이라고

누군가는 아름다운 것이라고 합니다.

아파도 슬퍼도 기뻐도
모두 사랑인가 봅니다.

사랑의 정답은
자기 자신이 깨달아야 한다는데

여러분은 사랑이 무엇이라 생각하시나요?

전 아직 사랑을 알기엔
어린가 봅니다.

시선

남들의 시선이 신경 쓰여
무엇 하나 마음이 끌리는 대로 하기를
버거워하는 사람들이 많습니다.

여러분도 남들의 시선이 두려웠던 적이 있으신가요?

어떨 땐 개성이 넘치는 사람들이
남들의 시선 따위 상관하지 않고
자신이 끌리는 대로 입고 노는 사람들이
부럽게 느껴질 때가 많습니다.

저 또한 남들의 시선이 두려워
눈치 볼 때가 많습니다.

남들에게 관심이 많고
예민한 사람들일수록 더욱 그러는 것 같습니다.

저는 예민한 건지
남들의 행동 하나하나
남들의 모습 하나하나가
눈에 들어옵니다.

제가 남들을 보는 시선만큼
남들은 저를 보지 않는데도 불구하고
남들의 시선을 두려워합니다.

시선이 두려워
내가 하고 싶은 것 하나
내가 입고 싶은 것 하나
마음대로 못 한다는 게
억울하기도 합니다.

여러분
꽃은 장미, 무궁화, 벚꽃, 튤립 등
이것 이외에도 여러 종류의 꽃이 존재합니다.

각자의 개성을
각자만의 아름다움을 뽐내며
자신만의 아름다움을 남들에게 보여주기 위해
꽃을 활짝 피우기까지 노력합니다.
우리도 꽃도 다를 바 없습니다.

어디서 태어났든
어떤 모습이든
아무런 상관이 없습니다.

사람은 모두
각자만의 개성이 존재하고
그것을 뽐낼 권리가 존재하기 때문이죠.

숨지 말고 당당해져요.
당신은 충분히
그 누구와도 비교할 수 없을 만큼 아름답습니다.

영화 속

저는 〈탈주〉라는 영화를 두 번 보았습니다.
한 번은 친한 친구와 함께
한 번은 설날에 아버지와 함께 보았습니다.

글도 여러 번 읽어야 더 많은 것이 보이고
책도 여러 번 읽어야 깨닫는 것이라는 게
영화에도 성립되나 봅니다.

친구랑 볼 땐 아무런 생각이 들지 않았던 장면들이
또 한 번 접했을 땐 마음에 와닿았습니다.

영화 〈탈주〉에서 임규남 역을 맡은 이제훈 님이
탈북을 하기 위해 리현상 역을 맡은 구교환 님과
싸움을 하는 장면이 있습니다.

그 장면 중 구교한 님이 이렇게 말합니다.

"남쪽이라고 다 지상낙원일 거 같아?"
그 말에 이제훈 님이 이렇게 대답합니다.
"해보고 싶은 걸 하다 실패하고 또 해봤다가
또 실패하고 멋지지 않습니까?"

이 대사가 너무 와닿았습니다.

무언가 실패해도 괜찮다.

실패하고 또 실패해도
괜찮으니 마음껏 실패해 봐라.
실패보단 시작과 도전이 중요한 것이다.
라고 이야기해 주는 것만 같아.

마음에 많이 와닿았습니다.

여러분들도 실패가 두려워
시작과 도전을 하지 못하고 있진 않으신가요?

여러 번 실패하고 잠시 우울감에 빠지게 되더라도
다시 일어서서 도전하면 되는 거잖아요.

실패를 두려워 말고
시작과 도전에 한 발 내디뎌 봐요, 우리.

공부를 못해도
운동을 못해도
음악을 못해도
사람마다 잘하는 것
하나쯤은 있어.
걱정하지 마.
단지 찾지 못했을 뿐이지.
네가 좋아하는 걸 하는 게
가장 잘하고 있는 거야.

미운 사람

저는 저를 그 누구보다 미워했습니다.
이 세상에서 가장 미운 사람이 누구냐고 묻는다면
'나'라고 이야기할 것입니다.

이런 저도 가끔은 남을 미워합니다.

그 사람이 사랑한다는 말로 나를 이용해서
그 사람이 나를 이용함으로써
이익을 얻고 나는 버려져서
그 사람이 흔히 말하는 가스라이팅으로
나를 가득 채워서
그 사람이 하지 못하겠는 일에 늘 날 이용해서
미워했습니다.

누군가를 싫어하지 못하는 성격이라
싫어하진 못했습니다.

조금의 반항심이라고나 할까.
미워만 했습니다.

근데 남을 미워하고 보니
'나도 남들에게 그렇게 행동한 적이 있나?'
라는 생각이 들더라고요.

생각보다 전 이기적이었나 봅니다.
남들도 그렇게 생각했을지도 모르겠다는 생각에
깊은 고민에 빠졌습니다.

누군가 그러더군요.
누군가를 이해하려다 나를 마주하게 된다고
저의 해석과 의미가 다를진 몰라도
제 나름대로 해석해 보았습니다.

남의 못난 모습도
어리석은 모습도
미숙한 모습도

이해하려 노력하다 보면

'아, 나도 저럴 때가 있었구나'
라는 생각이 떠오릅니다.

모두를 보이는 대로 너무 미워하려고만은
하지 말아야겠다고 또 한 번 새로움을 깨닫습니다.

선택

여러분은
부모님이 원하시는 대학
부모님이 시켜서 하는 공부
남에게 보여주고 인정받기 위해 하는 것
이 모든 것을 하고 있진 않으신가요?

여러분의 인생은 여러분의 것입니다.
여러분의 행동, 선택으로 이루어지는 것
그게 진정한 여러분의 인생입니다.

남들의 "넌 이걸 더 잘할 거 같아"
"넌 공부해서 꼭 좋은 대학에 가야 해"

이러한 말들로 시작과 도전을 하게 된다면
남들에게 받는 인정
남들에게 보여지는 권위뿐일 겁니다.

그게 뭐가 그렇게 중요한 것일까요?
누군가에겐 그것이 더 중요할지 모르지만
전 중요하다고 생각하지 않습니다.

한 번이고 두 번이고 실패하더라도
좋아하는 것, 좋아서 미칠 거 같은 것
한 번쯤은 미친 척하고 푹 빠져보고 싶은 것

이런 더 행복한 선택들로
인생을 채워 나가고 싶습니다.
여러분의 인생은 여러분의 선택입니다.
행복해져 봐요.

너라서

너라서 너무나도 사랑했고
너라서 너무나도 미워했다.
너라서 너무나도 애정했고
너라서 너무나도 증오했다.

네가 아닌 다른 누구였다면
나에 아무런 감정조차 주지 않았을 것이다.

그저 너란 사람이기에
나의 모든 감정을 쏟았다.

그저 너란 사람이기에.

03 〰〰〰〰〰 충분히
잘하고 있는
거예요

힘

가끔 힘도 빠지고
우울해져 있을 때면
'이렇게 사는 게 맞는 걸까?'
'이렇게 살아가는 내가 가치가 있는 걸까?'
'난 도대체 왜 살아가는 걸까?'
라는 생각을 누구나 꼭 한 번씩은 하는 것 같습니다.

내 힘만으로는 역부족이라는
내 의지만으론 이겨내기 힘들다는
그런 생각들이 하나둘 늘어갈 때

전 조금 무너져 간다고 표현합니다.

등산을 하다 숨이 막히고
조금 힘들어지면 앉을 곳을 찾아
잠시 앉아 쉬어 가는 것처럼

우리도 잠깐 앉아서 쉴 시간이라는 것이 아닐까요?

잠시 주저앉으면 어때요.
다시 일어서면 그만이에요.
다시 일어서서 다짐하고 힘내면 돼요.

두려워하지 말고 조금 쉬어 가봐요.

경험

경험은 살아간 날이 더 길수록 많겠지만
어린 나이에도 성숙한 아이들은
다른 또래에 비해 많은 경험을
해본 것이라 생각합니다.

경험에도 여러 종류가 있습니다.

사랑해서 억지로 놓아준 일
친구들과의 싸움에서 눈물을 흘린 일
가장 가까운 친구를 잃은 일
믿었던 사람에게 배신당한 일
가장 사랑하는 것을 포기했던 일
슬럼프를 극복했던 일
좋아하는 것에서 좌절을 느낀 일

이외에도 많은 경험들이 존재합니다.

많은 경험을 할수록
사람들은 성숙해져 가고
조금씩 변화해 갑니다.

그 변화로
모든 사람들과의 단절을 택할 수도
모든 사람들은 다르다는 걸 이해하고
더 많은 사람들을 만나보는 것을
택할 수도 있습니다.

전 지금 사람들에게 너무 데어
몇 안 되는 친구들을 제외한
나머지 사람들과의 단절을 택하였습니다.

아직은 사람들이 두렵습니다.

하지만 조금 더 성숙해지고
많은 상황을 겪다 보면
더 많은 사람을 이해하려 노력하고

먼저 다가갈 줄도 아는 사람이 되지 않을까요.

여러분은 지금 어떤 쪽을 택하셨나요?
저와 같은 분이라면
함께 한 걸음 더 발전해 나가 봐요, 우리.

질투심

사람은 저마다 질투라는 것을 한다.
자신보다 이쁘고 잘생긴 사람
자신보다 잘하는 게 많은 사람
자신보다 똑똑한 사람 등

자신보다 더 우월하다고 생각드는 사람을 시기 한다.
쉽게 말해 질투심이 생긴다.

대부분의 사람들은 그런 사람을 마주하면
어떻게 해서든 깎아내린다거나 미워하게 된다.

여러분도 한 번쯤은 그런 적이 있지 않나요?
저도 마찬가지입니다.
저는 운동을 좋아하지만
저보다 운동을 잘하는 친구를 보면

더 열심히 해야겠다는 다짐보다
늘 질투가 먼저 앞섰습니다.

하지만 그럴수록 더 뒤처졌습니다.
마음이 조급해지고
알맞지 않은 연습 방법으로 연습을 해
몸만 더 망가져 갔습니다.

저는 자존심과 질투심을 모두 내려놓고
그 친구에게 가 운동법을 알려줄 수 있냐고 물었고
그 친구는 흔쾌히 저에게 운동법을 알려주고
함께해 주며
저에게 성장하는 방법을 알려주었습니다.

여러분
자신보다 우월해 보인다고 해서
질투심 따위로 밀어내는 건
진작에 그만뒀어야 하는 행동입니다.

오히려 다가가고
도움을 요청해 보세요.

그게 여러분이 한층 더 성장해 가는
지름길입니다.

약

사람들은 아프면 약을 먹습니다.
두통약, 복통약, 근육통약
이외의 약도 많겠지만
그중 가장 약효가 좋은 약은

사랑
인 것 같습니다.

사랑은
아플 때도 슬플 때도 힘들 때도
늘 내 편이 있다는 생각에
늘 안아주는 누군가가 있다는 생각에
마음의 병마저 고쳐주는 것 같습니다.

매달리고
없으면 불안하고

연락에 집착하게 되는 그런 사랑 말고

늘 곁에 있어 불안하지 않고
연락에 집착하지 않고
서로를 이해하며 맞춰가는 그런 사랑

그런 건강한 사랑은
약으로도 고치지 힘든
마음의 병마저 고치는 것 같습니다.

자기 자신을 사랑하기가 어렵다면
자신보다 남을 먼저 사랑해 봐요.
사랑하는 법을 깨닫고 나면
나마저도 사랑하게 될지 모르잖아요.

자존감

내가 보는 나의 얼굴과
남이 보는 나의 얼굴

내가 보는 나의 몸과
남이 보는 나의 몸

내가 느끼는 나의 성격과
남이 느끼는 나의 성격

내가 보는 나의 모습과
남이 보는 나의 모습

모든 것이 다른데도 불구하고
내가 보는 모습 그대로
남에게 비춰질까.
자존감이 낮아져

두려워하는 사람이 많습니다.

그런 분들께
해주고픈 말이 있습니다.

충분히 예쁘고
충분히 잘생겼고
충분히 아름다우며
충분히 멋집니다.

행복

글을 쓰기가 버거울 때
어머니께 이렇게 말했습니다.
"좋은 말 한마디만 해줘"
어머니께서 이렇게 말씀하셨습니다.
"모든 삶은 행복이다"

처음엔 납득이 되지 않았습니다.
'세상엔 불행하고 힘든 사람이 많은데
왜 모든 삶은 행복일까?'
라는 의문이 들었습니다.

어머니 입장으로 생각을 해보니 조금은
이해가 되기도 했습니다.

어머니는 학원 운영을 하시며
좋아하는 일로 아이들을 가르치십니다.

늘 학원에 가는 일이 즐겁다고 말씀하시죠.

아침에 일어나 300명도 넘는 분들께
일찍 일어나 좋은 글로 아침 인사를 보내고
점심을 드시고
학원 운영을 하기 위해 차량을 하러 나가십니다.

자기가 좋아하는 일을 하면서
힘들고 아픈 게 뭐가 불행한 거냐며
늘상 행복하다고 하셨습니다.

자기 자신이 좋아하는 일을
즐겁게 할 수 있다는 게
얼마나 삶에 많은 영향을 주는지 깨닫게 되었습니다.

내가 아닌 다른 누군가의
뜻으로 시작된 도전은
실패하면 다시 일어설 수 없습니다.
삶이 불행할 수밖에 없습니다.

자기 자신이 원하고 좋아하는 것에
도전하고 빠져드는 것
그것이 진정한 삶의 행복인 것 같습니다.

성숙함

누군가가 그랬습니다.
부지런히 살고 최선을 다하고 살아서
미련도 후회도 없다고 했습니다.

하지만 전 조금 다르게 생각했습니다.
사는데 미련도 후회도 없으면
어떻게 성장할까요?

후회가 있다면
하루에 아쉬움이 생기고

아쉬움이 남으면
고치고 다듬어 가며
성장하고

성장하면 성장할수록

더욱 성숙해지고

성숙해지면 성숙해질수록
어른이 되어가는 게 아닌가 싶습니다.

하루의 아쉬움은
더 나은 내일의 자신을 만듭니다.

밝음

주변 사람들 중
유독 밝아 보이는 친구를 한 번쯤은
본 적 있을 겁니다.

제 주변에
유독 밝아 보이는 친구는
늘 웃는 모습을 보이며
늘 긍정적이 이야기를 해주고
이상한 춤을 추기도 합니다.

그 친구랑은 깊은 선후배 관계라고 할 수 있습니다.

어느 날 그 친구의 속마음을 듣게 되었습니다.
너무 힘들다고
너무 죽고 싶다고 하였습니다.

그렇게 밝기만 했던 친구의
그런 모습을 보니
힘듦을 밝음으로 숨기고 있었던 것 같아
마음이 무거워졌습니다.

힘듦을 밝음으로 숨기기 힘들었을 텐데
힘들 때 억지로 밝은 척하기도 힘들었을 텐데
밝은 이미지로 낙인돼 울지 못했을 텐데
동생이 혼자 힘들어했을 생각을 하니
몇 날 며칠을 동생 생각으로 머리 아파했습니다.

오지랖이 넓은 저로선
동생에게 무엇이든 해주고 싶었습니다.

동생에게 전화를 걸어 말했습니다.
"많이 힘들어?" "힘들면 언제든 이야기해도 돼"
"언니가 늘 옆에 있어줄게" "울고 싶으면 울어도 돼"
이런 말을 들었는데도 불구하고
동생의 답은 "괜찮아요"였습니다.

늘 밝고 긍정적이려 노력하던 게 습관이 되어
남에게 기대기가 어려워졌나 봅니다.
꼭 밝은 모습이 아니어도 괜찮은데.
꼭 힘듦을 숨길 필요는 없는데.
꼭 눈물을 참을 필요는 없는데.

주변 사람에게 기대도 괜찮은데.

힘들면 너무 힘들다고
힘들어 죽을 거 같다고
울고불고 안겨도 괜찮은데.

목표

책을 쓰는 것이 쉬운 일이 아니기에
많은 책을 접하고
많은 블로그를 읽다
명언들이 모여 있는 글을 찾게 되었다.

그중 가장 눈에 띄는 명언이 있었다.
로버트 브롤트 님의
**"우리는 장애물을 만나 목표에서 멀어지는 것이 아니다
눈 앞에 보이는 덜 중요한 목표를 추구하다
진정한 목표에서 멀어진다"**이다.

'사람들은 목표 정해놓고 이루기를
왜 어려워할까?'라는 생각이 들었다.

이유는 다양하다.

목표를 정해놓고 또 다른 길에 들어가거나
목표를 욕심부려 여러 개 정하거나
목표를 위해 노력하지 않고 핑계를 늘어놓거나

목표가 꼭 거창하지 않아도 괜찮다.

매일 공부 2시간씩 해보기
올해 안에 책 한 권 출간하기
새로운 악기를 시작해 완곡하기
하루에 2시간씩 운동하기

어떠한 목표든 괜찮다.
아무리 소소하고 사소하더라도
자신에겐 지키고자 하는
이루고자 하는 목표이니깐.

목표를 이루고자 그 목표만을
바라보고 산다는 건 힘들고 답답할 수 있다.
하지만 목표를 이루고 행복해진다는 것

그것을 위해 우린 목표를 향해
오늘도 내일도 앞으로도 달려가는 것이다.

슬픔도 아픔도 상처도
숨기지 말아요.
아무에게나 털어놓으라는 건 아니에요.
저에게 말해줄래요?
들어줄게요.
안아줄게요.

숨

인간은 모두 숨을 쉰다.
때로는 그 숨이 있기에 살아가고
때로는 그 숨이 멎길 바란다.

살아 숨 쉬는 것마저
아픔이 될 때가 있다.

누군가에게 미움받을 때
누군가를 잃었을 때
내가 죽도록 미워질 때
내가 짐이라고 느껴질 때
나는 숨이 멎길 기도한다.

남들이 나를 사랑해 줬음 좋겠다.
남들이 나와 함께해 줬음 좋겠다.
남들이 나에게 다가와 줬음 좋겠다.

사랑이 부족한 탓인 건지.
내가 욕심이 많은 탓인 건지.

아니다.

그저 사랑이 받고 싶은 거다.
그저 안겨 눈물을 흘리고 싶은 거다.
그저 행복한 하루를 보내고 싶은 거다.

맑음

전 혼자 있거나
정말 믿는 친구들과 함께 있는 것을
좋아합니다.

그래서 혼자 보내는 시간이 더 많습니다.

운동장을 바라보면 즐겁게 운동하는 아이들
개학 후 반 아이들을 바라보면
즐겁게 게임하고 서로의 안부를 묻는 아이들
초등학교 앞 아이스크림 할인점에서
아이스크림을 하나씩 가지고 웃고 있는 아이들
무슨 대화를 하는 건지 늘 웃으며 대화하는 아이들

무슨 대화를 하고 있는지도 알지 못하고
같이 운동을 하지도
함께 게임을 하지도

같이 웃으며 떠들지도 않지만

그런 아이들을 보면 웃음이 나옵니다.

학교에서 조용히 글을 쓰다
창밖을 보면 햇빛이 아름답게 비칩니다.
날씨가 맑아 또 웃음이 나옵니다.

이런 사소한 것들로 웃음이 지어지는
오늘 저의 하루는 맑음입니다.

04 ～～～～～ 행운이
온다는
게

클로버

저는 클로버를 늘 지니고 다닙니다.
네잎클로버는 행운을
세잎클로버는 행복을
부른다고 합니다.

그저 그런 미신일 수도 있습니다.
아무런 효능이 없을 수도 있습니다.

하지만 사람의 심리라는 것이
클로버 지니고 있음
'언젠가 좋은 일이 한번은 생기겠지'

좋은 일이 생기게 되면
'아 클로버 덕이구나'
라고 하게 되어 있는 것 같습니다.

저는 그저 그런 미신일지도 모르는 클로버에
기도를 하고
기대를 품고
희망을 가집니다.

여러분의 기분을
여러분의 마음을
지켜주는 부적은 무엇인가요?

재능

저는 남들이 보기에 기만일 수 있지만
피아노, 바이올린, 운동
예체능에 괜찮은 재능을 가지고 있습니다.

하지만 애매한 재능이라
뭐든 높게 올라가기가 매우 어렵습니다.

애매한 재능만 많지
하고 싶은 게 무엇인지
좋아하는 게 무엇인지
하나 정확하게 알지 못합니다.

주변 사람들이
"지연이 넌 잘하는 게 많잖아"
라고 이야기할 때마다
"아니야, 없어"

라고만 이야기하였습니다.

애매한 재능 탓인지
저의 재능을 좋아하기엔 애매했습니다.

하지만 현재 생각을 조금 바꿔보았습니다.
'많은 재능을 가져 할 수 있는 게 많아'
'많은 재능을 가져 남들에게 인정받을 수 있어'

단지 생각을 조금 바꿨을 뿐인데
제가 조금 좋아졌습니다.

마음가짐

모든 사람은 마음가짐 하나로
하루의 기분이
하루의 모습이
내일의 내가 달라집니다.

억지로 무언가를 꼭 해내야 한다.
무언가를 꼭 이겨내야 한다는 것이 아닙니다.

그저 오르막길을 뛸 때도
'난 쉬지 않고 뛸 수 있어, 할 수 있어'
생각하면 이상하게도
힘들지만 달려집니다.

일을 할 때도
글을 쓸 때도
공부를 할 때도

모두 마찬가지입니다.

자기 자신을 믿어주는 것
'난 할 수 있어'
라는 마음가짐 하나로
매일의 우리가 발전해 갑니다.

고생 끝에 낙이 온다는 말
고생 끝에 낙은 아니어도
웃음이 가득하길
기도합니다.

미움

저는 세상에서 저를 가장 미워합니다.
여러분은 세상에서 누가 제일 미우시나요?

사람마다 미운 사람이 한 명쯤은 꼭 있습니다.
가장 미운 사람이 자기 자신이라면
그게 제일 슬픈 것 같습니다.

오늘 한 어른분과 대화를 나누었습니다.
"사람은 져도 괜찮다,
성장하면 된다는 생각을 할 줄 알아야 해"
라고 이야기하셨습니다.

하지만 전 승부욕이 많지 않기에
늘 지든 이기든 하고자 하는 일만 할 수 있다면
무엇이든 했습니다.
져도 늘 웃으며

'졌지만 한층 더 성장한 것 같아, 뿌듯해'
라는 생각을 지녔습니다.

제가 말했습니다.
"그건 잘해요, 근데 전 제가 너무 싫고 미워요"

그분께서 그러시더군요.
"왜 네가 너를 미워해
나도 네 친구도 다른 어른들도 다 널 좋아하는데
다들 널 부러워해"

그 말을 듣고
깊은 고민에 빠졌습니다.
'왜 나는 나를 그렇게 미워할까?'
'남들도 좋아해 주는데 나는 왜 나를 미워하지?'

저를 미워하고 싶지 않아졌습니다.
남들도 좋아해 주는 나를
내가 미워한다는 게

나한테 너무 미안해서
'미안해 앞으론 미워하지 않아볼게'
라는 마음으로
저를 좋아해 보기로 했습니다.

당신

매일 뭐든 해보려 노력하는 네가 좋고
끈기 있게 무언가를 하려는 너의 의지가 좋고
열심히 하겠다는 너의 열정이 좋으며
뭘 좋아하는지 몰라 고민하는 네가 좋고
앞으로의 생각으로 불안해하는 너도 좋고
힘들어 목 놓아 우는 모습도 좋다.

난 당신의 모든 모습이 좋다.
웃을 때도, 화낼 때도, 울 때도
당신의 모든 모습은 아름답다.
당신이라서 뭐든 좋다.

당신의 설움이
저의 귓가까지 다가왔다면
그 설움을 안아줄 누군가가 필요해
당신이 나를 부른 거라면
당신의 곁에 함께하기를
약속할게요.
당신의 아픔을 보듬어 주겠다고
약속할게요.

안부

누군가의
"잘 지냈어?"라는 말에
"응, 잘지내지"라고 대답할 수 있으신가요?

누군가의
"요즘 좀 행복해?"라는 말에
"응, 난 요즘 행복해"라고 이야기할 수 있으신가요?

전 요즘 행복한 것 같습니다.
육체적으로 힘들면 정신적으로도 힘들다는 말을
늘상 믿어왔건만
그건 아니었나 봅니다.

아침에 일어나 학교 갈 준비를 한 뒤
집안일을 하고 집을 나섭니다.
학교에선 공부와 글쓰기를 병행하고

학교를 마치면 알바 이후엔 운동
집에 도착해선 또 공부와 글쓰기를 병행합니다.

육체적으로 힘들만한 일상생활이
힘들다기보단 오히려 보람찹니다.
너무 많은 걸 하는 것이 좋은 것만은 아니지만
저는 좋아하는 일을 모두 하는 이런 일상이 행복하고
이런 제가 대견하게 느껴집니다.

오늘도 전 제가 조금 더 좋아졌습니다.

미안해

저는 이제야 깨달았습니다.
저는 남보다 그 누구보다
저에게 가장 미안해야 한다는 것을
너무 늦게 알아차렸습니다.

너무 많이 아팠을 내가
너무 많이 울고 싶었을 내가
너무 많이 속상했던 내가
그랬던 내가 나 때문에 그러지 못했습니다.

나한테 너무나도 엄격했기에 그러지 못했습니다.
"넌 힘들어도 힘든 티 내면 안 돼"
"넌 울면 안 돼"
"넌 속상해도 티 내면 안 돼"
라는 말들로 저의 감정을 눌렀습니다.

너무 많이 아팠을 우리가
너무 많이 울고 싶었을 우리가
너무 많이 속상했던 우리가

이제는 우리가
너그러이 보듬어 줄 때입니다.

힘들면 힘든 티 내도 돼.
목 놓아 엉엉 울어도 괜찮아.

프리지아

여러분은 프리지아라는 꽃을 아시나요?
프리지어, 후리지아라고도 불립니다.

프리지아의 꽃말은 여러 개가 존재합니다.
천진난만, 순결, 순진, 깨끗한 향기
이 외에 여러분께 가장 알려드리고 싶은 꽃말은

"당신의 시작을 응원합니다"입니다.

식상하지만
자주 듣기 힘든 말이기도 하기에
여러분에게 이렇게나마 전달하고 싶었습니다.

여러분이 어떤 일을 준비하든
저처럼 글을 쓸 수도
새로운 운동을 시작할 수도

미래에 대한 진지한 무언가를 시작할 수도
남들은 반대하던 것을 시작할 수도
있습니다.

그것이 어떤 시작이든
여러분의 시작을 응원합니다.

여러분의 시작이
시간이 얼마나 걸리든
성공이 되길 기도합니다.

길

사람은 저마다
각자의 길이 있습니다.

길을 빨리 찾지 못하는 사람은
누군가 나타나 길을 찾아주길 바랍니다.

하지만 그 길은
그 누구도 정해줄 수 없고
정한다 한들 자신이 원하는 것이 아니기에
성공하기 어렵고 포기가 쉬워집니다.

아무리 힘들더라도
자신만의 길은
아프고
힘들고
깨지고

또 깨져서

기어코 아름다운 자신만의 길로 만들어집니다.

그러니 아무리 힘들어도
아무리 아프더라도

자신의 길은
자신이 좋아하는 것들로
자신이 원하는 것들로
아름답게 채워가기로 해요.

모순

힘든 사람들은
모순적이다.

어떨 땐 죽고 싶다.
어떨 땐 살고 싶다.
전혀 반대되는 말이지만
함께 기도 하기 가장 쉬운 말
함께 기도하는 횟수가 가장 많은 말

아파서 죽고 싶다가도
행복하게까진 아니라도
남들처럼 평범하게 살고 싶어진다.

용기

일홍 님의
《행복할 거야 이래도 되나 싶을 정도로》를
읽었습니다.

> 가는 길이 편하면 누구나 거기로 간다.
> 지금까지 험난하고 힘들었다는 건
> 그만큼 용기 있는 사람이었단 거다.
> 지금 그곳이 어디든
> 또 용기 있게 걸어갈 사람이란 거다.

라는 글이 많은 글들 중 와닿았습니다.

이때까지의 내 삶이 험난하고 힘들었던 건
내가 용기가 많아서일까 아님
욕심이 많아서일까?

용기라고 생각한다면
대단한 거고
욕심이라고 생각한다면
부족한 겁니다.

저는 아직 부족한가 봅니다.

하지만
용기가 없었더라면
욕심마저 내지 못하지 않았을까요?

여러분이 생각하기에
여러분의 인생은
용기였나요, 아님 욕심이었나요?

매일

매일이 행복할 수만은 없습니다.
매일을 행복하게 보내길 기도한다면
크나큰 욕심이라고 생각합니다.

어느 날 저희 아버지가 그러시더라고요.
"지연아, 우린 평범하게 살아가자"
의문이 든 제가 이야기했습니다.
"왜 평범하게 살아?"

"평범하게 사는 게
무엇보다 가장 힘든 거야"
라는 아버지의 말이 단숨에 이해됐습니다.

많은 것에 적응하느라
노력했을 너를
노력했을 우리를
우리가 인정해 주지 않았는데
남의 인정이 뭐가 그리 중요할까.
얼마나 너의 인정이
우리의 인정이 고팠을까.

캡슐

어느 날 학교에서
1년 뒤 나에게 보내는 편지를 써 캡슐에 넣으면
1년 뒤에 돌려주는 이벤트를 하였습니다.

저의 편지가 1년이 지나
저에게 돌아왔습니다.

> 운동은 아직 잘하고 있지?
> 만약 즐겁게 잘하고 있다면 칭찬할게.
> 하지만 슬럼프가 왔다면 괜찮아. 쉬어가도 돼.
> 만약 그만뒀다면 이겨내지 못했구나.
> 너의 선택이니 그럴만한 이유가 있었겠거니
> 생각하고 응원할게.
> 사랑해 지연아.

라고 쓰여 있었습니다.

1년 전의 저도 저를 응원한다고 사랑한다고
이야기하는데
지금의 저는 그러지 못하고 있었다는 것이
너무 안타까웠습니다.

처음 캡슐에 편지를 써 넣을 땐
왜 해야 하나 싶었는데
막상 받아 읽어보니
'참 좋은 이벤트였구나'라는 생각이 듭니다.

이 기세로 전 저를 더 응원하고 좋아해 보려고요.

변화

사람은 새로운 친구로
사랑하는 사람으로
변해간다는데

저는 사랑 하는 사람으로 인해
바뀌어져 가고 있습니다.

버팀목이 되어주는 존재가
옆에서 이쁘다, 사랑한다, 응원한다
해주면 괜찮은 사람이 되는 것 같아서

점점 더 열심히 악착같이 살아가게 됩니다.
저마다 다르겠지만
저는 저를 좋아하는 사람이 있다는 걸
저를 사랑하는 사람이 있다는 걸
저를 부러워하는 사람이 있다는 걸

또 한 번 생각하고

더 멋진 사람이 되어가기로 다짐합니다.

오늘도 전 한 번의 다짐으로
더 나은 사람으로 변해갑니다.

오늘도 전 사랑으로
하루를 버텨갑니다.

05 ～～～～～～～ 그저
지나가는
하루입니다

소모

모든 일엔 감정이 소모됩니다.

기쁘든 슬프든 화가 나든
모두 감정의 일부입니다.

기쁜 감정의 소모도 힘들긴 하지만
웃음꽃이 활짝 펴지기에 좋은 일입니다.

하지만
슬프고 화가 나는 감정을 소모하는 건
기쁜 감정을 소모하는 것보다
1,000배는 더 힘든 것 같습니다.

슬프고 화가 나는 감정을 소모하는 일이
생긴다고 해서
우리의 하루가 망가질 순 있지만

우리의 매일이 망가지는 건 아니기에
'그저 그런 하루구나'라는 생각으로
넘길 수 있었음 좋겠습니다.

잠깐 동안 힘든 일이 생겼다는 이유만으로
자신을 미워하지도
자신을 싫어하지도
자신에게 상처를 내지도 않았으면 좋겠습니다.

그저 지나가는 하루입니다.
그저 지나가는 나날 중 하나일 뿐입니다.

이별

사랑하는 사람과의 이별이
아무렇지 않았더라면
진정한 사랑이 아니었던 것 아닐까요?

사랑하는 사람과의 이별이
마음이 찢어질 것 같은 고통과
너무 울어 눈 주변이 아픈 고통
내가 무너져 내려가는 느낌의 고통을
느끼게 했더라면

그 사람과의 시간이 너무 행복했음을
그 사람과의 사랑이 진정한 사랑이었음을
의미합니다.

'진정한 사랑을 잃으면 정말 세상을 잃은 기분일까?'
라는 생각을 한 적이 있습니다.

첫사랑과 이별하고 나니
모든 것이 후회되고
너무 많은 고통으로
세상이 무너져 내림과 동시에
저도 무너져 내렸습니다.

하지만
진정한 사랑이 존재하기에
나의 마음이 발전하고
나의 사랑이 성장하고

남을 사랑하는 내가
남의 사랑을 받는 내가

더욱 사랑하는 법을
더욱 사랑받는 법을
배우는 것 같습니다.

사랑하는 사람과의 이별로

너무 무너져 있진 말아요.

그저 우리가 성장해 가는 과정 중 하나일 뿐입니다.

네 덕분에

너라는 사람이 있어
내가 변화하고

너라는 사람이 있어
더 열심히 살게 되고

너라는 사람이 있어
내가 행복하고

너라는 사람이 있어
내가 살아가는 데 힘이 돼.
네 덕분이야.

소음

고요하고 조용한 삶에도
가끔은 시끄러운 무언가가 필요합니다.

고요하고 조용한 노래
고요하고 조용한 집
고요하고 조용한 삶엔

시끄럽고 정신없는 노래
시끄럽고 정신없는 집
시끄럽고 정신없는 삶도

한 번쯤은 조화를 이루어야 한다고 생각합니다.
너무 고요하기만 하다면
인생의 스트레스를 날릴 수 없기에.

눈물 흘릴 때

목 놓아 울 수 없기에.

힘들다고 이야기할 때
소리칠 수 없기에.

조금의 소음 속에
숨어 잠시나마

힘듦을 감추기 위해.
힘듦을 잊기 위해.

색

저는 친한 여동생과
하루에 한 번씩 질문이 오는
어플을 함께하고 있습니다.

2월 12일 질문이 도착했다는 알림에
일이 끝나자마자 들어갔습니다.

오늘의 질문은
"친구를 색에 비유하면 무슨 색인가요?"
라는 물음에

저는 여동생이
늘 밝은 노란색 꽃 같아 보였기에
노란색이라는 짧은 답변을 하였습니다.

여동생은 저와 어울리는 색에 대해

진지하고 길게 써줬더군요.

"선셋 오렌지 같아.
선셋 오렌지는 깊은 곳에 상처가 있지만
겉으로는 활발하고 밝은 에너지를 가진 걸
가장 잘 표현한 색이야.
해 질 녘 하늘처럼. 따뜻하고 강력하면서도
어딘가 부드러운 느낌이 있고
위로와 따뜻함을 상징해"

동생의 답변에
많은 감정들이 몰려왔습니다.

고마움, 미안함, 슬픔, 기쁨
이런 여러 감정이 한 번에 몰려올 정도로
저에겐 너무 큰 감동이었나 봅니다.

저는 여러분을 보았을 때
하늘색을 떠올렸으면 좋겠습니다.

하늘색은 파란색보다 따뜻해 보이지만
냉정해 보이기도 하며
푸른 하늘처럼 자유로워 보이기도 합니다.
여러분이 자신이 하고 싶은 일들을 하며
자유롭게 매일을 즐겁게 보내셨으면 좋겠습니다.

소중함

하루가 소중한 사람
매일이 소중한 사람이 있다면

하루가 소중히 여겨지지 않는 사람
매일이 소중히 여겨지지 않는 사람이 있습니다.

하루하루가 고통스럽고
매일매일이 견딜 수 없이 힘들면
소중히 여기지 못하게 됩니다.

소중하지 않다고 해서
끝내기는 너무 아쉽잖아요.

소중하지 않다고 해서
포기하긴 너무 이르잖아요.

'소중하지 않아도 돼, 충분히 잘 살고 있어'
'넌 소중해, 그 무엇보다'

사랑해

사랑은 무엇을 뜻하는 걸까?
연인들끼리 가족들끼리 소중한 사람들끼리 하는
사랑한다는 말 한마디
혹시 뜻을 알고 계신가요?

전 사랑한다는 말을 하지만
그 뜻은 정확히 알지 못합니다.

여러분이 생각하는 사랑은 무엇인가요?

어학사전에선 어떤 사람이나 존재를 몹시 아끼고
귀중히 여기는 마음이라고 이야기합니다.

제 생각은요.

함께 어딘가로 떠나고 싶고

함께 맛있는 걸 먹고 싶고
함께 재미있는 모험을 하고 싶고
함께 있는 것만으로도 행복한 것
그 사람과 함께여서 웃음이 나오는 것

그 사람과 '함께'하고 싶은 것
그것을 함축시킨 말 한마디가

사랑해인 것 같습니다.

나눔

저는 정이 많아
늘 저의 감정과 마음을 나누어 줍니다.

감정과 마음을 나누어 준다는 게
안 좋다고 생각할 수 있지만

전 마음을 나누어
다른 누구를
좋아하고 많이 챙겨줍니다.

9살 남동생 중
처음엔 어색해하던 아이가
이제는 "누나 보고 싶었어~"라며
달려와 안깁니다.

몇몇 친구들도

"지연이 너랑 있으면 편해져"
"너랑 있으면 너무 재밌어서 좋아"
라며 이야기해 줍니다.

남에게 의미 있는 존재가 된다는 것

마음을 나눈다는 것
안 좋게 생각하기보단
좋은 일이라고 생각해 볼 수도 있지 않을까요?

걸어가길

걸어가는 길이
꽃길이 아닐지라도

가시가 많아
발에 피가 나진 않길

두려운 무언가가 있어
나아가지 못하진 않길

그저 평범한 그런 길을
자기만의 아름다운 길로 꾸미고 가꿔갈 수 있길
노력해 봐요, 제가 기도할게요.

다음 생엔
돌멩이도 강아지도 새도 아닌
다시 나로 태어나고 싶다.
지금의 내가 좋아서
다시 나로 태어나
조금 더 나은 나를 만들어
더 좋아해 보고 싶다.

소원

누군가가 여러분에게 소원 3가지를 들어준다고 하면
어떤 소원을 빌고 싶으신가요?

저는 중3 때까지만 해도
죽여주시거나
그러지 못하신다면
행복하게 해주세요.
남들이 절 싫어하지 않게 해주세요.
라며 매일 밤 소원을 빌곤 했습니다.

최근 들어 일상들이 바뀌고
조금 행복해진 건지
소원이 바뀌었습니다.

주변 사람들이 행복하게 해주세요.
전 행복하지 못하더라도 우는 일보단

웃는 일이 더 많았으면 좋겠어요.
실패하더라도 다시 일어설 힘을 주세요.
라고 빌 것 같습니다.

실패해도 괜찮고
무너져도 괜찮고
눈물이 나도 괜찮습니다.

그저 다시 일어서면 그만입니다.

소원 3가지로 제가 조금 더 성장한 듯함을 느낍니다.

끝으로

이 책을 읽으신 모든 분들이
아프지도 슬프지도 힘들지도 않았으면 좋겠습니다.

살다 보면 당연히 아플 때도
슬플 때도 힘들 때도 다가오겠지만
잠시 앉아 쉬어 가는 것
딱 쉬어 가는 것까지만 하셨음 좋겠습니다.

주저앉아 목 놓아 울어도
툴툴 털고 다시 일어나셨으면 좋겠습니다.

인생을 살며 한 실패의 횟수보다
성공의 횟수가 더 많음을
한 번 더 인지 하셨음 좋겠습니다.

당신의 아름다움을 남들이 몰라주더라도
당신만은 알아야 합니다.

이 책을 읽으신 여러분은
그 누구보다 아름답고
그 누구보다 멋지며
그 누구보다 사랑스럽습니다.

아프지 않을 자격이 있는 사람입니다.
사랑받을 자격이 있는 사람입니다.
여러분은 사랑입니다.
여러분이 행복하길 매일 기도할게요.

주저앉기만 하진 않길

초판 1쇄 발행 2025. 5. 7.

지은이 이지연
펴낸이 김병호
펴낸곳 주식회사 바른북스

편집진행 박하연
디자인 양헌경

등록 2019년 4월 3일 제2019-000040호
주소 서울시 성동구 연무장5길 9-16, 301호 (성수동2가, 블루스톤타워)
대표전화 070-7857-9719 | **경영지원** 02-3409-9719 | **팩스** 070-7610-9820

•바른북스는 여러분의 다양한 아이디어와 원고 투고를 설레는 마음으로 기다리고 있습니다.
이메일 barunbooks21@naver.com | **원고투고** barunbooks21@naver.com
홈페이지 www.barunbooks.com | **공식 블로그** blog.naver.com/barunbooks7
공식 포스트 post.naver.com/barunbooks7 | **페이스북** facebook.com/barunbooks7

ⓒ 이지연, 2025
ISBN 979-11-7263-360-8 03810

•파본이나 잘못된 책은 구입하신 곳에서 교환해드립니다.
•이 책은 저작권법에 따라 보호를 받는 저작물이므로 무단전재 및 복제를 금지하며,
이 책 내용의 전부 및 일부를 이용하려면 반드시 저작권자와 도서출판 바른북스의 서면동의를 받아야 합니다.